ICS 91.100.10
Q 13

团 体 标 准

T/SBMIA 015—2020

水泥基道路面层修补材料

Repair Materials for Cement Based Pavement

2020—09—15 发布　　　　　　　　　　　2020—10—01 实施

上海市建筑材料行业协会　发布

T/SBMIA 015—2020

目　次

前言 .... Ⅲ
1 范围 1
2 规范性引用文件 1
3 术语和定义 1
　3.1 水泥基道路面层修补材料 1
　3.2 道路面层裂缝注浆料 1
　3.3 道路面层修补砂浆 2
4 分类和标记 2
　4.1 分类 2
　4.2 标记 2
5 一般要求 2
6 技术要求 2
　6.1 外观 2
　6.2 性能 2
7 试验方法 4
　7.1 标准试验条件 4
　7.2 养护时间允许的时间偏差 4
　7.3 试验材料 4
　7.4 水泥基道路面层修补材料的拌和 4
　7.5 外观 4
　7.6 凝结时间 4
　7.7 流动度 5
　7.8 保水率 5
　7.9 抗折强度和抗压强度 5
　7.10 拉伸粘结强度 5
　7.11 干燥收缩率 5
　7.12 24 h 吸水量 6
　7.13 耐磨性 6
8 检验规则 6
　8.1 检验分类 6
　8.2 组批 6
　8.3 抽样 7
　8.4 判定规则 7

Ⅰ

9 标志、包装、运输和贮存 ·· 7
　　9.1 标志 ··· 7
　　9.2 包装 ··· 7
　　9.3 运输和贮存 ·· 7

前言

本标准按照 GB/T 1.1—2009 给出的规则起草。

本标准的某些内容可能涉及专利，本标准的发布机构不承担识别这些专利的责任。

本标准由上海市建筑材料行业协会提出。

本标准由上海市建筑材料行业协会标准调研部归口。

本标准负责起草单位：上海市建筑材料行业协会干混砂浆分会、同济大学、上海标仕建筑工程材料有限公司。

本标准参加起草单位：北京宝辰联合科技股份有限公司、上海环宇建筑工程材料有限公司、上海市建筑科学研究院、上海同济检测技术有限公司、浙江忠信新型建材股份有限公司。

本标准主要起草人：张国防、赵洁、王昶、王义、李敏波、陈宁、赵红、范树景、武猛。

首批承诺执行单位：同济大学、上海标仕建筑工程材料有限公司、北京宝辰联合科技股份有限公司、上海环宇建筑工程材料有限公司、上海市建筑科学研究院、上海同济检测技术有限公司、浙江忠信新型建材股份有限公司。

本标准委托上海市建筑材料行业协会干混砂浆分会负责解释。

本标准为首次发布。

T/SBMIA 015—2020

水泥基道路面层修补材料

1 范围

本标准规定了水泥基道路面层修补材料的术语和定义、分类和标记、一般要求、技术要求、试验方法、检验规则以及标志、包装、运输和贮存。

本标准适用于水泥混凝土道路面层修补工程用的干混砂浆。

2 规范性引用文件

下列文件对于本文件的应用是必不可少的。凡是注日期的引用文件，仅注日期的版本适用于本文件。凡是不注日期的引用文件，其最新版本（包括所有的修改单）适用于本文件。

GB/T 1346　水泥标准稠度用水量、凝结时间、安定性检验方法
GB 9774　水泥包装袋
GB/T 17671　水泥胶砂强度检验方法（ISO法）
GB/T 29756—2013　干混砂浆物理性能试验方法
JC/T 547—2017　陶瓷砖胶粘剂
JC/T 681　行星式水泥胶砂搅拌机
JC/T 985—2017　地面用水泥基自流平砂浆
JC/T 986　水泥基灌浆材料
JC/T 1004　陶瓷砖填缝剂
JGJ 63　混凝土用水标准
JGJ/T 70—2009　建筑砂浆基本性能试验方法标准

3 术语和定义

下列术语和定义适用于本文件。

3.1

水泥基道路面层修补材料　repair materials for cement based pavement

由水泥、骨料、可再分散乳胶粉、添加剂和填料等组成，工厂化生产的用于水泥混凝土道路面层修补工程的干混砂浆。在现场按比例加水、机械搅拌均匀后即可使用。包括道路面层裂缝注浆料和道路面层修补砂浆。

3.2

道路面层裂缝注浆料　grout for cement based pavement repair

以灌注方式，用于水泥混凝土道路面层细裂缝修补的水泥基道路面层修补材料。

3.3

道路面层修补砂浆 mortar for cement based pavement repair

以人工涂抹或机械喷涂方式,用于水泥混凝土道路面层的宽裂缝或者破损部位修补的水泥基道路面层修补材料。

4 分类和标记

4.1 分类

按用途和应用方式,水泥基道路面层修补材料分为道路面层裂缝注浆料(GPR)和道路面层修补砂浆(MPR)。

按凝结时间和早期强度,水泥基道路面层修补材料分为普通型(N)和快硬早强型(R)。

4.2 标记

产品按下列顺序标记:产品名称、类别和本标准号。

示例1:普通型道路面层裂缝注浆料标记为:

普通型道路面层裂缝注浆料 GPR N T/SBMIA 015—2020

示例2:快硬早强型道路面层裂修补砂浆标记为:

快硬早强型道路面层修补砂浆 MPR R T/SBMIA 015—2020

5 一般要求

本标准包括的产品的生产与应用不应对人体、生物与环境造成有害的影响,所涉及的安全与环保要求,应符合我国相关国家标准和规范的规定。

6 技术要求

6.1 外观

粉料应均匀一致、无结块。

6.2 性能

6.2.1 道路面层裂缝注浆料的性能应符合表1的要求。

表1 道路面层裂缝注浆料的性能要求

项目		性能指标	
		普通型	快硬早强型
凝结时间	初凝/min	≥45	≥20
	终凝/h	≤10	—
流动度/mm	初始	≥260	
	30 min	≥230	—

表 1 道路面层裂缝注浆料的性能要求(续表)

项目		性能指标	
		普通型	快硬早强型
保水率/%		≥98.0	
抗压强度/MPa	3 h	—	≥25.0
	7 d	≥35.0	
	28 d	≥50.0	
抗折强度/MPa	3 h	—	≥5.0
	7 d	≥6.0	
	28 d	≥8.0	
拉伸粘结强度/MPa	3 h 原强度	—	≥0.5
	28 d 原强度	≥1.0	
	耐水	≥0.8	
	耐热	≥0.8	
干燥收缩率/%	28 d	≤0.05	
吸水量/(kg/m²)	24 h	≤2.0	

6.2.2 道路面层修补砂浆的性能应符合表 2 的要求。

表 2 道路面层修补砂浆的性能要求

项目		性能指标	
		普通型	快硬早强型
凝结时间	初凝/min	≥45	≥20
	终凝/h	≤10	—
保水率/%		≥95.0	
抗压强度/MPa	3 h	—	≥25.0
	7 d	≥30.0	
	28 d	≥45.0	
抗折强度/MPa	3 h	—	≥5.0
	7 d	≥5.5	
	28 d	≥7.0	
拉伸粘结强度/MPa	3 h 原强度	—	≥0.5
	28 d 原强度	≥1.5	
	耐水	≥1.0	
	耐热	≥1.0	
干燥收缩率/%	28 d	≤0.10	
吸水量/(kg/m²)	24 h	≤2.0	
耐磨性/mm³		≤400	

7 试验方法

7.1 标准试验条件

标准试验条件：环境温度(23±2)℃，相对湿度(50±5)%，试验区的循环风速小于 0.2 m/s。

7.2 养护时间允许的时间偏差

所有试件的养护时间允许的时间偏差应符合表3的要求。

表3 试件养护时间允许的时间偏差

试件养护时间	3 h	7 h	17 h	24 h	7 d	14 d	>14 d
养护时间允许的时间偏差	±15 min				±30 min	±2 h	±4 h

7.3 试验材料

7.3.1 试验材料的放置

准备不少于 25 kg 的水泥基道路面层修补材料。所有试验材料（水泥基道路面层修补材料、拌和水等）试验前应在标准试验条件下放置至少 24 h。

7.3.2 试验用混凝土板

试验用混凝土板应符合 JC/T 547—2017 附录 A 的要求。

7.3.3 试验用水

试验用水应符合 JGJ 63 的要求。

7.4 水泥基道路面层修补材料的拌和

按生产厂商说明，称量 2 kg~3 kg 的水泥基道路面层修补材料,准备水泥基道路面层修补材料所需用水量（如给出一个数值范围，则应取中间值）。在所有项目测试过程中，制备样品时的用水量应保持一致。

在符合 JC/T 681 要求的搅拌机中，应按照生产厂商提供的搅拌方式进行拌和，或者按下列步骤进行操作：

a）将水倒入搅拌锅中；

b）将水泥基道路面层修补材料在 30 s 内匀速倒入搅拌锅中；

c）低速搅拌 60 s；

d）停止搅拌，取出搅拌叶，30 s 内用刮刀清理搅拌叶和搅拌锅壁上的砂浆；

e）高速搅拌 120 s；

f）静停 60 s，再低速搅拌 60 s。

砂浆拌和好后，备用。

7.5 外观

目测。

7.6 凝结时间

按7.4条拌和好砂浆，道路面层裂缝注浆料按 GB/T 1346 的规定进行，道路面层修补砂浆按

JGJ/T 70—2009 第 8 章的规定进行。

7.7 流动度

按 7.4 条拌和好砂浆，然后按 JC/T 986 的规定进行。

7.8 保水率

按 7.4 条拌和好砂浆，然后按 JGJ/T 70—2009 第 7 章的规定进行。

7.9 抗折强度和抗压强度

按 7.4 条拌和好砂浆，按 GB/T 17671 规定方法成型试件。道路面层裂缝注浆料成型时，不需振动和插捣。

3 h 抗折强度和抗压强度，是在标准试验条件下养护至 3 h 后脱模，然后按 GB/T 17671 的规定进行。

7 d 与 28 d 抗折强度和抗压强度，是在标准试验条件下养护 24 h 脱模后，继续在标准试验条件下分别养护至 7 d 和 28 d，然后按 GB/T 17671 的规定进行。

7.10 拉伸粘结强度

7.10.1 拉伸粘结原强度

按 7.4 条拌和好砂浆，按照 GB/T 29756—2013 第 12 条规定方法成型 10 个试件，试件成型厚度为 (5±1) mm。

3 h 拉伸粘结原强度，是在标准试验条件下养护 3 h 后，将试件取出，用适宜的快硬早强型粘结剂将拉拔接头粘结在试件成型面上；然后按照 GB/T 29756—2013 第 12 条的规定进行，并记录拉伸破坏位置。

28 d 拉伸粘结原强度，是在标准试验条件下养护 27 d 后，将试件取出，用适宜的高强度粘结剂将拉拔接头粘结在试件成型面上；在标准试验条件下继续静置 24 h；然后按照 GB/T 29756—2013 第 12 条的规定进行，并记录拉伸破坏位置。

7.10.2 耐水拉伸粘结强度

按 7.4 条拌和好砂浆，按照 GB/T 29756—2013 第 12 条规定方法成型 10 个试件，在标准试验条件下养护 14 d，然后将试件放入 (23±2)℃ 的水中 14 d，应保证每个试件周围的水自由循环。

将试件取出，用布擦干表面水分，晾置至表面干燥后，用适宜的高强度粘结剂将拉拔接头粘结在试件成型面上；在标准试验条件下静置 7 h，然后放入 (23±2)℃ 的水中 17 h；取出，用布擦干表面水分，然后按照 GB/T 29756—2013 第 12 条的规定进行，并记录拉伸破坏位置。

7.10.3 耐热拉伸粘结强度

按 7.4 条拌和好砂浆，按照 GB/T 29756—2013 第 12 条规定方法成型 10 个试件，在标准试验条件下养护 14 d，然后将试件放入 (70±2)℃ 的干燥箱中 14 d，应保证每个试件周围空气自由循环。

将试件取出，用适宜的高强度粘结剂将拉拔接头粘结在试件成型面上；在标准试验条件下继续静置 24 h；然后按照 GB/T 29756—2013 第 12 条的规定进行，并记录拉伸破坏位置。

7.11 干燥收缩率

按 7.4 条拌和好砂浆，然后按 GB/T 29756—2013 的规定进行。试件尺寸为 40 mm×40 mm×160 mm。

7.12 24 h 吸水量

按7.4条拌和好砂浆,然后按JC/T 1004的规定进行,试件浸水时间为24 h。按照公式(1)计算每个试件的吸水量。

$$W_{ab} = (m_t - m_0)/A \tag{1}$$

式中:

W_{ab}——24 h 吸水量,kg/m²;

m_t——浸水24 h 后试件的质量,kg;

m_0——浸水前试件的质量,kg;

A——试件浸入水中的断面面积,m²。

24 h 吸水量取6个试验结果的算数平均值,精确至0.1 kg/m²。

7.13 耐磨性

按7.4条拌和好砂浆,然后按JC/T 985—2017第7.8条的规定进行。

8 检验规则

8.1 检验分类

按检验类型分为出厂检验和型式检验。

8.1.1 出厂检验

道路面层裂缝注浆料的出厂检验项目包括外观、凝结时间、初始流动度和30 min 流动度、保水率、抗压强度和抗折强度(7 d、28 d)以及28 d 拉伸粘结原强度。快硬早强型还应包括3 h 抗压强度、3 h 抗折强度和3 h 拉伸粘结原强度。

道路面层修补砂浆的出厂检验项目包括外观、凝结时间、保水率、抗压强度和抗折强度(7 d、28 d)以及28 d 拉伸粘结原强度。快硬早强型还应包括3 h 抗压强度、3 h 抗折强度和3 h 拉伸粘结原强度。

8.1.2 型式检验

型式检验包括本标准第6章中的全部项目和供需双方合同中商定的性能。有下列情况之一时应进行型式检验:

a) 新产品投产或产品定型鉴定时;

b) 正常生产时,每年至少进行1次;

c) 出厂检验结果与上次型式检验结果有较大差异时;

d) 产品停产6个月以上恢复生产时;

e) 原材料、配方和生产工艺发生较大变化时。

8.2 组批

连续生产,同一配料工艺条件制得的产品为一批。水泥基道路面层裂缝注浆料产品100 t 为一批。水泥基道路面层裂缝修补砂浆产品200 t 为一批。不足上述数量时亦作为一批。

8.3 抽样

每批产品随机抽样,抽取不少于 50 kg 样品,充分混匀。取样后,将样品一分为二。一份检验,一份留样。

8.4 判定规则

产品检验结果符合标准规定时,则判该批产品合格。若结果中有一项不符合标准要求时,重新用留样对该项目复检。若该项目符合标准规定时,则判该批产品合格;若仍不符合标准规定时,则判该批产品不合格。

9 标志、包装、运输和贮存

9.1 标志

产品外包装上应包括:

a) 生产厂名、地址;
b) 商标;
c) 产品标记;
d) 产品净质量;
e) 产品用水量(水料比);
f) 使用说明书;
g) 生产日期或批号;
h) 运输和贮存注意事项;
i) 贮存期。

9.2 包装

9.2.1 产品宜采用防潮复合包装袋包装。每袋净含量不应小于其标志质量的99%。随机抽取20袋,总质量(含包装袋)不应小于标志质量总和的100%。包装袋应符合 GB 9774 的规定。不同用途的产品,包装应有明显区别。

9.2.2 产品包装中应附有产品合格证。

9.3 运输和贮存

9.3.1 运输和贮存时,不同类型、用途的产品应分别堆放,不应混杂。避免日晒雨淋,禁止接近火源,防止碰撞,注意通风。

9.3.2 产品应在室内干燥贮存,应有防雨、防潮、防扬尘措施。

9.3.3 产品贮存期自生产之日起计时,不宜超过6个月,并在产品说明书与包装标识上明示。

图书在版编目(CIP)数据

水泥基道路面层修补材料 / 上海市建筑材料行业协会主编. —上海：同济大学出版社，2020.11
ISBN 978-7-5608-9578-9

Ⅰ.①水… Ⅱ.①上… Ⅲ.①水泥基复合材料—路面面层—路面修补—生物材料—标准 Ⅳ.①U416.216-65

中国版本图书馆 CIP 数据核字(2020)第 217276 号

团体标准

水泥基道路面层修补材料

上海市建筑材料行业协会　主编

责任编辑　朱　勇
责任校对　徐春莲
封面设计　陈益平

出版发行　同济大学出版社　　www.tongjipress.com.cn
　　　　　（地址：上海市四平路1239号　邮编：200092　电话：021-65985622）
经　　销　全国各地新华书店
印　　刷　常熟市大宏印刷有限公司
开　　本　889mm×1194mm　1/16
印　　张　1
字　　数　32 000
版　　次　2020年11月第1版　2020年11月第1次印刷
书　　号　ISBN 978-7-5608-9578-9
定　　价　20.00元

本书若有印装质量问题，请向本社发行部调换　　版权所有　侵权必究